Drutmar Cremer

Mit Feuerhand erwählt bei Nacht

Meiner Schwester Maria
zur Vollendung ihres sechzigsten Lebensjahres

in Freude und Dankbarkeit

Drutmar Cremer

Mit Feuerhand erwählt bei Nacht

Gedichte zu Bildern
von Sieger Köder

Matthias-Grünewald-Verlag · Mainz

Inhalt

Ein Wort zuvor

Die Geschichte Gottes mit seinem Volk hat ihre eigenen Höhepunkte, bedeutende und herausragende „Sternstunden“. Sie beginnen in der Schöpfung der Welt. Sie setzen sich fort in der Berufung starker Führungsgestalten, die als Stammväter und -mütter des Glaubens das geliebte und erwählte Volk Gottes ins Gelobte Land führen sollten (Noach, Abraham, Jakob, Mirjam). Es gab auch kritische Notzeiten der Bedrängnis, in denen Propheten, starke Persönlichkeiten mit der Gabe des Wortes, in göttlichem Auftrag die Sicht auf den wahren Gott Israels wach hielten und diese Aufgabe oft mit einem schweren Lebensweg und in Schicksalsschlägen bezeugten (Elija). Auch in der Geschichte Jesu mit seinem Volk gibt es hervorragende und beispielhafte Ereignisse, die im Volk der glaubenden Kirche nie wieder vergessen wurden. Es waren „Sternstunden“ der Hinwendung zu Gott, die aus der Begegnung mit Jesus (Jakobsbrunnen) und mit der Ausstrahlung seiner göttlichen Kraft (Seesturm, Verklärung) die Menschen seiner Umgebung in Erstaunen setzten.

Jesus sprach zu den Menschen aber auch über die inneren Gesetze des Gottesreiches in Gleichnissen, die durch ihre anschauliche Lebensnähe für immer die Normen christlicher Ethik ins Bewußtsein hoben (Barmherziger Vater). –

Jesus selbst wurde sterbend und auferstehend zum unvergesslichen Beispiel hingebender Liebe, die den suchenden Menschen aller Zeiten fähig macht, den Sinn seines Lebens zu erkennen, die hellen und dunklen Tage seines Daseins zu bestehen (Kreuz, Emmaus) und schließlich an die endzeitliche Vollendung des Gottesreiches zu glauben (Offenbarung des Johannes).

Sieger Köder, der bekannte Maler und Pfarrer, hat im Laufe seines kreativen Schaffens aus der Kenntnis und Meditation der Heiligen Schrift und mit der einfühlsamen Kraft seiner Bilder die Botschaft der Bibel für unsere Zeit neu verkündet. Sie strahlen in ihrer Farbfreudigkeit und bildnerischen Eigenständigkeit, die an den malerischen Zauber und die mystische Innigkeit Marc Chagalls erinnern, eine optimistische Weltfrömmigkeit und Bewegtheit des Herzens in Freude und Leid aus, die den bedrängten Menschen unserer Tage unmittelbar anrührt. Das Bild des Glaubens – wie es Sieger Köder formuliert – ist in einer durch die modernen Medien optisch übersättigten Zeit zu einem Einfallstor des Gottesreiches geworden. Solche Bilder der Bibel erzählen mit nachdenklicher Humanität und faszinieren durch ihre modern gestaltete Symbolik. Sie entsprechen den Erfahrungen des Menschen unserer Tage und führen zur Neuentdeckung der Bibel mit ihrer zeitlosen Botschaft.

Diesen Bildern von Sieger Köder wurden knappe Erklärungen beigefügt auf dem Hintergrund ihrer biblischen Horizonte und der Welterfahrung heute. – Gottes wählender Ruf begleitet die großen Gestalten der Bibel gleichsam mit Feuer, wie es offenbar seinem eigenen Wesen entspricht. Gott begegnet in entscheidender Stunde dem Menschen im Bild des Feuers (Ex 3,2). – „Gott selbst ist Feuer, der in Zion einen Feuerherd hat“ (Jes 31,9), sagte einmal Bonaventura, der große Theologe des Mittelalters († 1274). Dazu ruft Gott die Menschen seiner Wahl oft im Traum oder in der Nacht unter Sternenlicht (Abraham, Samuel u.a.), bisweilen unter dem Symbol des leuchtenden Feuers (vgl. Gen 15,17). Von daher ist der poetische Haupttitel dieses Buches zu verstehen: „Mit Feuerhand erwählt bei Nacht“.

Im Mittelpunkt des Buches stehen neben den Bildern die lyrischen Texte. Sie wollen mit ihrer rhythmischen Gliederung und dem Versuch einer beschwingten Anschaulichkeit den heute oft in Hektik geratenen Menschen „erheben“ und zu eigenständigem Meditieren anregen. Die Bilder und die einfühlende Poesie wollen Weltoffenheit und Glaubensfreude miteinander verbinden und in Einklang bringen.

Drutmar Cremer

Schöpfung

Durch Gottes Wort – so steht es im ersten Buch der Heiligen Schrift – wurde die Schöpfung ins Leben gerufen. Heutzutage wissen wir aus den jahrhundertelang weitergeführten Forschungen der Naturwissenschaft, dass sich die Kräfte der Natur in der Vielfalt ihrer Arten allmählich entwickelt haben. Die Welt hat sich in unzähligen Evolutionen und Entwicklungsstufen entfaltet.

Der Maler ist offenbar von dieser grundlegenden Tatsache ausgegangen: Die Materie empfing den Schöpferhauch Gottes (Joh 1,3), aus dem alles geworden ist: Licht und Dunkel, Sonne und Gestirne, Meer und Flüsse, Erde und Luft, die Fische, die Vögel, die Tiere des Landes, die Blüten und Früchte, und zuletzt als Krönung des kosmischen Daseins der Mensch. Sein besonderes Geheimnis ist die Gabe des Geistes und der Liebe. Darin soll er sich bewähren, auch in aller Versuchung und Bedrohung seines Lebens.

Die behutsame Schöpferliebe Gottes, im Bild angedeutet in den großen, geöffneten Händen, ist das Fundament in dieser vielschichtigen und harmonisch angelegten Malerei. Aus dem dunklen Blau des Chaosmeeres steigen die Anfänge der Schöpfung aus den Händen des allmächtigen Gottes auf, zusammen mit dem Symbol des sonnenhaft roten Wirbels evolutionärer Dynamik. – Rot ist das Symbol der Liebe. – Die aufsteigende Erde wird sichtbar und das Grün der paradiesischen Atmosphäre, die Früchte und Blüten des Gartens mit dem ersten Menschenpaar in seiner zärtlichen Zuneigung, aber auch die anschleichende Schlange der Versuchung und schließlich darüber hinaus der weite, unendliche Weltenraum mit dem Mond und den Sternen, aber auch mit den Vögeln des Himmels bei ihrem beschwingten Aufstieg und ihrer eigenständigen Entfaltung.

Der Mensch als die Mitte der grandiosen Schöpfung hat die Welt als Gabe und Aufgabe zugleich empfangen. Mit dem Genius des Geistes und des Herzens soll er sie frei erobern, erforschen und weiterentwickeln.

Er soll diesen gewaltigen Auftrag (Gen 1,28) wahrnehmen nach den Gesetzen seines göttlichen Urgrunds, in hörender Freiheit, die aller Willkür entzogen ist, und in selbständiger Verantwortung. Er soll die Welt als Glanz und Spiegelbild der geheimnisvollen Wirklichkeit Gottes, die alle humane Vorstellung übersteigt, achten und schützen, niemals aber ausbeuten und zerstören.

Dieser Grundsatz wird heute im Zeitalter der wirtschaftlichen Erforschung ohne Tabus, der industriellen Großtechnik, des neu entfachten Bewusstseins eines sozialen Ausgleichs für alle Völker der Erde und auch des rasanten Welttourismus, in dem nahezu alle Grenzen fallen, eine Botschaft von unerhörter Aktualität. Dazu soll der Mensch dem Leben trauen, human, ja zärtlich dem Mitmenschen begegnen in dem Wissen, dass die Liebe das Grundgeheimnis des Lebens ist und bleibt.

Die Welt als unbegreifliche Liebesgabe Gottes und als entscheidende Aufgabe des Menschen ist in diesem Bild Sieger Köders sehr verdichtet dargestellt. Der lyrische Text versucht die Bildwelt des Malers in der Sprache der Poesie zu enträtseln und dem meditierenden Herzen des Menschen näherzubringen.

Sieger Köder, Schöpfung

Schöpfungswort aus Feuersonne

Das Schöpfungswort
aus Glut und Feuersonne
erhebt mit offner Hand die Abgrundtiefen
Es war ein Wille – Es ward Licht

Im Labyrinth der Rätselwege –
und kraftvoll angerührt als führe unsichtbar
geheim ein Finger –
umdreht sich blutend rot ein Wirbelkreis

Ist dieses Rund – geformt von Traum
und Gottes Sehnsuchtsfülle
ein Aderlass aus tiefer Quelle? –
das Alpha das die Vaterhand ins Offne schreibt?

Es werde Licht! Das Chaos weicht
Der Mond am Himmel ist geboren
Die Sterne steigen blinkend aus der Abendwiege
ins dunkelweite Feld der Nacht

Und wie aus der Geburtenkammer schwebt – enthüllt und frei
wo Licht wie Vogelflug der Finsternis entsteigt –
der Erdengarten aus dem Hauch der Schöpfung
so leicht als habe ein Allegro ihn geweckt

O Zartheit! O geweihte Freude!
Im Blumenkranz und bei gereiftem Wein
vermählt das Ich sich neigend seinem Du
als reiße es den Himmel in die eignen Arme

Und Liebe baut die Brücke Einheit
bereit zum Traum voll Abenteuer und
im Paradies voll Tanz und Blüten
erwacht der Mensch zur Weisheit und zur Lust

Das Alphabet des Lebens wird geschrieben
in schweren Lettern gold und schwarz
Denn Glück und Tod
sind gleichermaßen eingeblasen

erkennbar im Kristall des Seins

Noach

Das Bild der großen Wasserflut mit der Arche Noachs ist deutlich geprägt von dem farbigen Regenbogen, der einen faszinierenden Optimismus ausstrahlt. Dieser Regenbogen ist das Endzeichen des Friedens mit Gott nach der Erfahrung von Bedrohung und schrecklichem Untergang, der aufscheint in den dunklen Gewässern der Angst und des Todes in der unteren Hälfte des Bildes. Der Farbbogen des Friedens, aufgelichtet vom strahlenden Weiß der fliegenden Taube, bahnt eine neue Zukunft an.

Die Arche ruht auf dem hohen Berg, nachdem die Wasser der Flut versunken sind. Noach öffnet das Fenster der Arche mit den geretteten Menschen und Tieren und entlässt mehrfach die Taube, bis sie mit einem grünen Ölzweig im Schnabel zurückkehrt zum Zeichen dafür, dass die Ströme der Flut in der Erde versunken sind. Seitdem ist die Taube mit dem Ölzweig ein allseits bekanntes Symbol der Rettung und des Friedens. Wie einfühlsam hat der Künstler die Taube als ein auffallend starkes Symbol ins Bildganze eingebracht, duftig geradezu und wie einen verklärenden Schleier der Gegenwart des liebenden und fügenden Gottes.

Die Geschichte des Noach hat eine zeitlose Gültigkeit bis in unsere Tage, in denen oft Weltuntergangsstimmung und Depressionen in den Herzen der Menschen herrschen, weil sich unzählige Schrecken und Katastrophen weltweit ausbreiten, anscheinend täglich neu und ständig vermehrt. Der Mensch von heute ist davon sozusagen „überschwemmt". Die Medien sorgen dafür in vielfältiger Form, in auffälligen Sensationen. Werden die Menschen und Völker unseres Zeitalters die Abgründe und Umbrüche bestehen? Werden ihre Herzen und Füße wieder Grund und Boden finden, vielleicht im Haus und auf dem Felsen der Kirche Gottes, für welche die Arche Noach ein Sinnbild darstellt?

Gott ist treu. Er hält seine Zusagen und schenkt den Menschen seine Liebe, trotz aller Untreue des Menschen und seiner oft selbstverschuldeten Bedrängnisse und Leiden, trotz aller „Überschwemmungen“ in der Natur und in seiner Seele. Er hält fest an seinem Geschenk: Ich bin der „Ich-bin-da“ (Ex 3,13).

Die Taube der Rettung wird kommen, vielleicht in Etappen, das helle Symbol der Hoffnung, wenn die Menschen zur Einsicht und Umkehr finden. Gott liebt seine Schöpfung und er liebt den Menschen. Er bleibt allen Menschen nahe und sendet ihnen den Regenbogen der Versöhnung, wenn sie ihm vertrauen, über die Abgründe dunkler Erfahrungen und die tiefen Schluchten des Niederbruchs hinweg. Glaube an die Wirklichkeit Gottes ist das große Charisma des suchenden Menschen, auch heute. Eine neue und fruchtbringende Zukunft öffnet sich, wenn der Mensch in den Tiefen und Untiefen des Lebens die Quellen seiner Herkunft sucht. Er wird sie finden im Glanz einer Morgenröte, die Gott schenkt.

Diesen Wahrheiten sucht der Text in Bild und Andeutung zu dienen. Alle nur rationale Begrifflichkeit wird spürbar und bewegend überstiegen durch die ausrufende Bildsprache des Herzens.

Sieger Köder, Sintflut

Heimgekehrt ins Ewighaus der Liebe

Du – Noach – bist vom
Zeitlosblick ins Herz getroffen
heimgekehrt ins
Ewighaus der Liebe

Dir ist jenseits
Drohgericht und Wasserstrudel ein
wundervolles Sternwort zugesagt das
aller Taubheit widersteht und bleibt

Du trägst dieses Sternwort
in das Land Vergesslichkeit
um den Gong des Todes anzuschlagen
und das Tor der Treue neu zu öffnen

Du bist der
Glaubensfels versunkner Vorzeit und
deine Hand fängt zart wie
ein entpuppter Schmetterling das Morgenlicht

Du – Noach – überwindest
Schwermutsschatten in der Helle deiner Hoffnung und
hoch erhoben über Todesgründen
singen weite Bogen atemlos ein Farbenlied

Du bist der Bote für schon Tote und Vergessne
überflutet von den Wogen die den Tod besiegeln
Doch die Friedenstaube steigt ins Licht und
winkt dir siebenfarbig die Versöhnung zu

Und deine Arche – Noach –
wird zum Bild und Ruf in ferne Horizonte
Morgenfrisch erscheint ein neues Haus – darinnen
einst sich viele Völker unbeschwert zum

Tanz der Freude sammeln
Gott lässt leise seine Stimme klingen
Und wie auf Silberflöten in der Zeit der Abendröte
ruft er flügelleicht die Arche Sehnsucht

heim ins Paradies

Abraham, der Ahnherr seines Volkes Israel und „Vater des Glaubens“, steht unter dem sternenübersäten Himmel einer Wüstennacht, schauend, hoffend und ganz offen. Sein Mund spricht leise Worte. Er betet. Sein Kopf ist bedeckt vom Talit, dem Gebetsschal der Juden. Seine Augen sind weit geöffnet vom Staunen über die Erfahrungen der spürbaren Gottesnähe. Seine großen Hände sind leer. Der nächtlich blaue Himmel mit den unzähligen Sternen, im Orient ein Eindruck von unbeschreiblicher Schönheit, steht für die Welt des Numinosen, des Göttlichen. Der braune Wüstenboden ist ein Zeichen für die Wirklichkeit der Erde. Himmel und Erde bilden die ganz einfach gestalteten und doch bedeutungsvollen Grundelemente dieses Gemäldes.

Abraham trägt ein grünes Kleid. Er ist ein Mensch, der seit Jahren aus der Haltung der Hoffnung lebt. Er schaut voll Glauben immer neu in die Zukunft. Er vertraut auf die Verheißungen seines Herrn, der ihm befohlen hatte, seine Heimat zu verlassen und in das Land zu ziehen, das der Gott und Vater seines Vertrauens ihm zeigen werde. Segen sollte ihn begleiten und ein großes Volk aus ihm werden (Gen 12,1–3). Und so hoffte er auf einen Sohn und Erben. Aber die Termine liegen, wie immer, in Gottes Hand.

In dieser entscheidenden Wüstennacht hört Abraham die Stimme seines Herrn:

„Sieh hoch zum Himmel hinauf und zähle die Sterne, wenn du sie zählen kannst. So zahlreich werden deine Nachkommen sein. Abraham glaubte dem Herrn“ (Gen 15,5–6).

Er vertraute dem unsichtbaren Gott, der auf diesem Bild nicht dargestellt ist. Gott wird stets in seinen Fügungen und in seiner Liebe erkennbar – für den glaubenden Menschen. In ihm leuchtet die Sprache des ganz anderen, geheimnisgeprägten Gottes auf. Der Mensch soll sich als

Ebenbild des Schöpfergottes erweisen. Darin besteht die große, ja einzigartige Würde des Menschen. Er spiegelt göttliches Licht, das fähig macht, auch die Dunkelheiten und Abgründe der Welt und die irdischen Nächte mit ihren schweren Erlebnissen durchzustehen und hoffend unterwegs zu bleiben bis zur endgültigen Erfüllung der Verheißungen Gottes.

In einer Zeit, in der die Würde des Menschen immer wieder in so schändlicher Weise verletzt wird, ist es bedeutungsvoll und hilfreich, das Geheimnis des menschlichen Wesens glaubend wahrzunehmen. Der Mensch lebt mit seinen je eigenen Charismen in dieser Welt mit all ihren Möglichkeiten und Aufgaben und mit ihren Gefahren und Bedrängnissen. Aber darüber hinaus ist er zutiefst gerufen in die Nähe und Gemeinschaft eines unendlich liebenden Gottes.

Abraham ist eine der großen Gestalten der Bibel. In dieser für ihn unvergesslichen Wüstennacht hat er den unbegreiflich großen Gott erfahren und ihm unbedingten Glauben geschenkt. Sein Weg war damals noch längst nicht zu Ende. Unzählige Prüfungen lagen noch vor ihm. Aber seine gehorsame Offenheit blieb, und die Zusage Gottes erfüllte sich zu der Zeit, die Gott für ihn und Sara, seine Frau, festgelegt hatte. – Er war mit „Feuerhand erwählt bei Nacht“. Gott hatte mit dem Bildsymbol seines eigenen Wesens in das Leben Abrahams eingegriffen (Ex 3,2; Gen 15,17). Ein neuer, großer Tag der Menschheit war angebrochen.

Sieger Köder, Abraham

Wenn der Seraph flammend naht

Deine Sehnsucht – Abram
brennt dein Fragezeichen
in das Blaugewölbe
heller Wüstennächte
Und Vertrauen stellt die
Uhren deines Herzens
täglich neu auf Anfangszeiten

Deine Augen trauen
ein für alle Mal nur dem – der
deine Abschiedsschwermut
wandeln kann in Ströme
die ins Grünland der Erwartung fließen
voll von Traum
Frucht entfaltet sich im Ödland Wüste

Dein Gebet lässt
eigne Wünsche offen für den Tau – darin die
Liebe schon seit Schöpfungsanfang
Ewigkeiten widerspiegelt
Jeder Hohlweg deiner Hoffnung
führt zum Alpha freier Wege –
wenn der Seraph flammend naht

Deine Offenheit macht
Wunder möglich –
auch im Flugsand Traurigkeit
Schau zum Himmel!

Sterne füllen zahllos deine Nächte
Ein Geheimnis wandert zwischen Gestern
und dem Morgen deines Volkes

Ja – du bist berührt von
Feuerhänden
in der dunklen Tiefe einer Nacht

Deine Hände aber
schaffen unter Tränen Frieden
Und die Pflugschar deines Glaubens

pflügt in grenzenlose Weiten
Furchen voller Saat für dein erwähltes Volk

Aber unbegreifbar bist du angerufen
fruchtbar auszuleiden bis zum Omega der Not das

Urzeitdrama Liebe
zwischen Gott und Mensch

Jakob

Jakob, der Sohn Isaaks und Rebeccas, war zu einem bewegten Leben bestimmt. Er, der zweite Zwillingssohn neben seinem Bruder Esau, war Gottes erste Wahl und der Verheißungsträger seines erwählten Volkes. Sein Erstlingsrecht hatte Jakob sich um ein Linsengericht von seinem Bruder erkauft, und auf das Geheiß seiner Mutter, die ihn vorzog, hatte er sich den Lebenssegen von seinem blinden, sterbenden Vater durch eine Lüge erschlichen. – Kein Wunder, dass sein Leben eine Wende nahm und er in das fremde Heimatland seiner Mutter fliehen musste. Er floh zu Laban, dem Bruder seiner Mutter, dem er zwanzig Jahre mit Geschick und Erfolg diente. Sein Leben unter Laban war aber auch geprägt von Arbeit, Sorge und Aufregung. Zwei Töchter Labans, Lea und Rachel, schenkten ihm Söhne und Töchter. Nach vielen Jahren kehrte Jakob wiederum fliehend mit seiner ganzen Familie in seine Heimat zurück, und er blieb der Verheißungsträger seines Volkes.

Das Bild beschreibt eine geheimnisvolle Szene auf der Flucht zu Laban. In einer Nacht mitten im Kargland der Wüste ruht er auf einem Stein. Im Buche Genesis wird davon berichtet:

„Jakob hatte einen Traum. Er sah eine Treppe, die auf der Erde stand und bis zum Himmel reichte. Auf ihr stiegen Engel Gottes auf und nieder. Und siehe, der Herr stand oben und sprach: Ich bin der Herr, der Gott deines Vaters Abraham und der Gott Isaaks. Das Land, auf dem du liegst, will ich dir und deinen Nachkommen geben. Deine Nachkommen werden zahlreich sein wie der Staub auf der Erde. Du wirst dich unaufhaltsam ausbreiten nach Westen und Osten, nach Norden und Süden, und durch dich und deine Nachkommen werden alle Geschlechter der Erde Segen erlangen. Ich bin mit dir, ich behüte dich, wohin du auch gehst, und bringe dich zurück in dieses Land. Denn ich verlasse dich nicht, bis ich vollbringe, was ich dir versprochen habe.

Jakob erwachte aus seinem Schlaf und sagte: Wirklich, der Herr ist an diesem Ort und ich wusste es nicht. Furcht überkam ihn und er sagte: Wie ehrfurchtgebietend ist doch dieser Ort! Hier ist nichts anderes als das Haus Gottes und das Tor des Himmels. Jakob stand früh am Morgen auf, nahm den Stein, den er unter seinen Kopf gelegt hatte, stellte ihn als Steinmal auf und goss Öl darauf. Dann gab er dem Ort den Namen Bet-El (Gotteshaus)“ (Gen 28,12–19).

In malerisch eigenständiger Sprache berichtet der Künstler von dieser „Sternstunde“ im Leben Jakobs. Im Vordergrund ruht Jakob schlafend auf dem Stein. Sein Kopf ist bedeckt mit dem Gebetsschal der Juden. Über dem Träumenden erscheint in blauer Farbatmosphäre die Treppe, die zum Himmel führt. Blau ist die Symbolfarbe göttlicher Geheimnisse. Träume sind oft die Sprache Gottes für die Menschen, die suchend unterwegs sind.

Große, geöffnete Hände an der Seite der Himmelsstufen offenbaren das Mysterium des Himmels, das Wohlwollen Gottes, der das Leben und die Zukunft Jakobs begleitet. Die auf- und niedersteigenden Engel sind durch das Symbol ihrer Flügel angedeutet.

In diesem Bild wird das undurchdringliche Wesen Gottes und die Weltwirklichkeit des flüchtenden Jakob in eindringlicher Verkürzung dargestellt. Die Dramatik der Botschaft und die Stille des Traumes werden zur spürbaren Einheit. Himmel und Erde werden Partner.

Auch im lyrischen Text werden die geheimnisvollen Wege Gottes in Bildern angedeutet. – Gott begleitet den Menschen und enthüllt die Lebensrätsel zu seiner Zeit.

Sieger Köder, Jakobs Traum

Im Labyrinth der Zukunftswege

Im Weichgebild der Stille tiefer Nacht
ruhst du im Traum auf hartem Stein
und staunst bedeckt von weitem Sternentuch
weil Gott für dich allein und so –
als spreche er mit angehaltnem Atem leis ein Psalmenwort –
mit offnen Händen Wundertreppen in den Himmel schuf
darauf die Engel leuchtend auf
und nieder schweben
als streuten sie behutsam Flugsand voll
Erbarmen über deine Flüchtlingsschritte

O Jakob! Du schaust träumend helle Horizonte
Denn Gott stellt seine Endloswelt
auf diese Erde – ausgelotet durch
die Schwingen seiner Engelschar –
entlang den Tränen die
du schuldbeladen weinen wirst
Die Stille ruft – dein Traumgesicht
weckt Hoffnung wie ein Echolot am Fels
Du ahnst die Pforte zum Geheimnis
Sein Name führt ins Labyrinth der Zukunftswege

Wächst dir im Wüstenfels ein neues Blütenfeld
und singt der Engelchor ein Abschiedslied
das einstimmt auf die Pflaster fremder Welt?
Dem Tod entrissen finden deine Füße festen Halt
und führen deine Heimkehr am
Geländer Sehnsucht ins Gelobte Land

Du wandelst unter Sternen sicher heim
Die Zeiten sinken wie das Leben in den Tod
Du bist der Zweite und bleibst Gottes erste Wahl
Auf deiner Schulter ruht die große Hand

Dein Name wird
einst lauten Israel

Wie Abraham verheißen
wirst du zahlreich wie der Sand am Meer

Nur Gott
enthüllt die Lebensrätsel

so leise wie die Sanduhr
wenn die Zeit gekommen

Denn Liebe sammelt nicht
auf Erntewagen in die eigne Scheuer

Mirjam

Das Bild sprüht vor Vitalität, Lebensfreude und Bewegung. Der Tanz voll Dank und Lobgesang kommt zur lebendigen Entfaltung.

Mirjam, die Schwester des großen Führers Mose, wird hier in einer einzigartigen, bedeutsamen Stunde ihres Lebens dargestellt. Das Volk Israel hatte mit der Hilfe Jahwes die Zeiten der Not und der Unterdrückung durch den Pharao in Ägypten endlich überwunden. Nach unzähligen Schikanen und zäher Geduld durfte das Volk Gottes das Land verlassen.

Auch der allerletzte Versuch, die Israeliten wieder neu in den Sklavendienst zu zwingen, war beim Durchzug durch das Rote Meer gescheitert. Die nachsetzende Streitmacht der Ägypter war in den Fluten des Meeres ertrunken.

In der Liturgie der Kirche gilt dieser Durchzug durch das Rote Meer als eine Tat der Befreiung und der Erlösung von altersher als Sinnbild der christlichen Taufe, an die vor allem in der Osternacht erinnert wird.

Gott hatte sein Volk durch Mose in die Freiheit seiner Erwählten geführt.

Eine überschwengliche Freude und Dankbarkeit hatte Mirjam gepackt in einer Tiefe und Fülle, wie es besonders der Frau gegeben sein mag. Mirjam schlägt die Pauke beim Tanz. Ihre flatternden Haare scheinen die Rhythmen der Musik aufzunehmen. Ihre Augen sind auf Zukunft gerichtet. Die Atmosphäre am Schilfmeer ist in ein tiefes, leuchtendes Rot getaucht, wie das geschehen kann im feuergleichen Sonnenlicht des südlichen Himmels. Ägypten, dessen Pyramiden im Hintergrund des Bildes noch aufscheinen, ist endgültig Vergangenheit.

Ein unendlicher Dankesjubel Mirjams und ihrer Begleiterinnen bricht auf.

Tanz, Lied und Musik werden zum Höhepunkt einer Erlebnisdichte des Herzens, die alle äußere Realität übersteigt, zu neuer Lebensbejahung Mut macht und die Erfahrung ausruft: Gott hat uns aus Liebe geführt. Er begleitet unser Leben durch die Wüste in die verheißene Zukunft.

Mirjam singt vor: „Singt dem Herrn ein Lied. Denn er ist hoch und erhaben! Rosse und Wagen warf er ins Meer“ (Ex 15,21).

Sie drücken als Frauen in freier Bewegung aus, was sie empfinden. Nicht nur das Gesamtvolk, nein, auch besonders die Frauen sind erhoben in freudiger Unabhängigkeit. Sie haben einen eigenen Ausdruck gefunden. – Seitdem gehört Mirjam zu den großen Frauen der Bibel. Ihr Tanz auf den beschwingten Flügeln der Musik, ihr dynamischer Mut hat ihr frauliches Wesen zum Klingen gebracht und Tore in die Zukunft geöffnet.

Freude und Dankbarkeit über die erlebte Rettung durch Jahwe befreit das Volk Gottes und lässt es seiner ursprünglichen Berufung innewerden, gibt aber auch besonders den Frauen neue Chancen, eine Gesellschaft mitzuformen, in der herzliche Lebensfreude, Einfühlsamkeit und liebende Verantwortung die Begabungen und Aktivitäten des Mannes ergänzen.

Der lyrische Text stellt Mirjam in den Zusammenhang der Geschichte Gottes mit seinem Volk. Gott ruft die Menschen zu je eigenem Werk und stellt dabei die geschenkten Charismen des Einzelnen in den Dienst der ganzen Gemeinschaft.

Die Grenzen der Zeit werden überstiegen. Das „Sternlicht Zukunft“ leuchtet auf und auch im Versinken der Zeit und der Schöpfung bleibt das unaussprechliche Geschenk einer großen Liebe.

Sieger Köder, Mirjam nahm die Pauke in die Hand

Ein Tanz voll Dank und Neubeginn

In deinen Füßen wird
die todgefüllte Fußspur Tanz der Freude
In deinen Händen paukt dein Herz
ein wundersames Lied das bleibt und nie vergeht

Befreit von gestern bläst der Wind
geheimnisvolle Melodien in dein Kleid
die durch die Wüstentore der Verheißung auf
den „Berg des Erbes" leiten

Der Schmerz im Sklavenhaus Ägyptens und
die Angst im aufgestauten Meer
versinken im Schalmeienklang der Seligkeit
Du singst geweihte Hoffnung in die Morgenröte

In deinen Haaren rauscht das Leben
als sei es neu erstanden aus den Falten Tod
du hast dich aufgerichtet aus
dem Leidmeer der Erinnerung

Die Sehnsucht deiner Liebe lässt
den Himmel glühen
Dein Tanzschritt pflanzt das Samenkorn
das heute stirbt und morgen Früchte schenkt

Der Ruf des Einen hat dich aufgeweckt
seitdem durchtönt dich hell Prophetenlob
das Abschied neu schreibt vor
dem Einzug in Gelobtes Land

Dein Lied für Jahwe lässt nicht auf
den Stufen heute weilen und
aller Staub der Erde sinkt ins Abendrot
Dein Augenpaar ist von dem Sternlicht Zukunft wie gebannt

Wenn alle Zäune in der Zeit zerbrechen
wenn letzter Abschied laut verkündet wird
und alle Worte dieser Welt verklingen ohne Ton –
Dein Lobgesang steigt zu den Sternen auf

Er ist Geschenk
der großen Liebe

und diese Liebe bleibt
die durch Äonen führt

bis alle Reife einkehrt in
die Goldne Scheuer

Elija

Der Prophet Elija ist eine der eindrucksvollsten Gestalten des Ersten Testaments. Entschieden und kraftvoll tritt er dem schwachen König Ahab und seiner bösartigen Frau Isebel gegenüber und vertritt ohne eigene Sicherheit das Wort und den Auftrag Jahwes. Elija kämpft und heilt und setzt dabei immer neu sein Leben aufs Spiel.

Es ist kein Wunder, dass er unter Verleumdungen und Verfolgungen zu leiden hat und eines Tages in eine schreckliche Phase der Müdigkeit gelangt. Seine Kräfte schwinden. Er zieht sich flüchtend zurück in die Verborgenheit und Einsamkeit der Wüste. Er flieht vor allem vor dem Hass der Königin Isebel, die aus dem Munde des Propheten bei vielen Gelegenheiten ungeschminkt und radikal die Wahrheit hören musste. Elija flieht aber auch zerschunden, ein stückweit resigniert vor dem lebendigen Gott. Er kann nicht mehr. In der Wüste sinkt er unter einen Ginsterstrauch, erschöpft und verzweifelt. Er möchte sterben. Er sieht keinen Sinn mehr.

Gott aber lässt ihn nicht los. Er sendet ihm die Lichtgestalt eines Engels, der ihn mit Brot und Wasser stärkt. In der Kraft dieser Speise wandert Elija 40 Tage zum Gottesberg Horeb. Er sucht neu den Gott seines Lebens, weil er das Ende seiner eigenen Kräfte spürt. Er ruht in einer Höhle und hört den Anruf seines Herrn:

„Was willst du, Elija? Er sagte: Mit leidenschaftlichem Eifer bin ich für den Herrn, den Gott der Heere, eingetreten, weil die Israeliten deinen Bund verlassen, deine Altäre zerstört und die Propheten mit dem Schwert getötet haben, und nun trachten sie auch mir nach dem Leben" (1 Kön 19,9–10).

Da schenkt der Gott Israels seinem Propheten Elija eine tiefe und ganz elementare Gotteserfahrung. Elija steht auf dem Berg und der Herr zieht vorüber. Gott kündigt sich in gewaltigen Naturzeichen an. Aber er ist nicht in dem heftigen Sturm, der die Felsen zerreißt, nicht in dem folgenden Erdbeben, nicht in den ausbrechenden Feuern. Nein, Gott war zu spüren in einem sanften, vorübergehenden Säuseln, und Elija verhüllt in Ehrfurcht sein Haupt am Eingang seiner Höhle.

Diese Szene hat der Maler im Zusammenspiel mit den beschriebenen Naturphänomenen dargestellt.

Der Prophet sitzt in leuchtend rotem Gewand und mit verhülltem Kopf in seiner Höhle. Blitze durchzucken den Himmel im Gewittersturm. Feuerbrände lodern.

Das Leben des Propheten Elija erfährt eine Wende. Aus Aktivismus und äußerem Eifer wird es in die Stille geführt und erlebt einen Gott, den er bisher nicht kannte. Gott ist anders als die menschliche Vorstellung und Phantasie. Er bleibt zudem geheimnisvoll unsichtbar. – Auch Elija muss sich an der Stille orientieren und umdenken. Er erhält neue Weisung, Stärke und Lebensmut. Kurz zuvor wollte er noch sterben. Jetzt öffnet sich seine Hand und in ihr findet sich wie ein Symbol der Hoffnung ein grünes Blatt. Aus Erschütterung wird Trost, aus seinem Niederbruch ein starker, unveränderter Aufbruch. Aus seinem Zweifel wird Gewissheit unter dem Auftrag und Schutz seines Gottes. Gott ist treu. Er begleitet den Menschen mit seiner liebenden Gegenwart.

Im poetischen Text wird das Wunder einer Neugeburt angedeutet. Sie ereignet sich nicht in blindem, aktivem Eifer, sondern findet ihren Ansatz in der Stille, im Hören auf den Willen des liebenden Herrn des Lebens und in der Hoffnung auf seine Fügung und Gegenwart.

Sieger Köder, Elija am Horeb

Hören heißt die Chiffre Neugeburt

Wer weiß aufzuwecken
aus dem Tiefschlaf der Erschöpfung?
Wer weiß aufzuheben
dieses Bleigewicht der Angst in
Nächten dicht gewebter Finsternis
durchzuckt mit dem Geweih von Blitzen
das den Granit der dunklen Zukunft
hell zerbricht?

Wer weiß
taub gewordne Sehnsucht anzurühren
die in windzerzauster Wüste
Dürre und Vergeblichkeit erträgt?
Wer weiß Müdigkeit zu wandeln
mit dem sanften Engelfinger
dessen Lichtgestalt geduldig
Wunder bahnt ins Ungeahnte?

Ein Wort genügt
die Herzensschwere zu beflügeln
und plötzlich – in der Blutbahn Trauer –
heilt der Atem Zuversicht und der Lichtstrahl
Hoffnung malt Verstehen in den Sand
Wundgetretne Pfade werden leicht begehbar
und der Lebenstraum Begegnung
glitzert rätselhaft im Gegenlicht

Aufgestanden aus verwelktem Mut – Elija
gehst du tapfer
einer Sonnenblüte gleich
durch die vierzig Tage – vierzig Wüstennächte
Gottes Zauberwort heißt Horeb
in der Abendröte deines Lebens
Schweigen ist der Schlüssel
deines Hörens in der Nacht der Höhle

Nicht die abgrundtiefe Angst und
nicht die Flucht vor Feinden
ist die Chiffre Neugeburt
Gott zerbricht die Felsen und die Berge
Er bleibt unsichtbar der Herr –
auch im Beben seiner Erde
und im Feuersturm verbrannter Schöpfung
Nur in leisem Säuseln zieht er durch sein Land

Ja – in deiner Hand – Elija
bleibt das Blatt der Hoffnung grün und
dein verhülltes Angesicht hört Gott zur
Stunde der Propheten

die nur einer wirklich kennt

Hoheslied der Liebe

Die schönste Erfahrung des Menschen ist das Erlebnis echter Liebe. Der Mensch ist von Gott dazu erschaffen, zu lieben und geliebt zu werden. Liebe befähigt den Menschen zu erstaunlichen Taten. Sie wächst und hört niemals auf, weil sie Gottes Gabe ist. Gott ist die Liebe (1 Joh 4,7).

Im „Hohen Lied der Liebe", wie Martin Luther das „Lied der Lieder" übersetzt, wird in poetischen Bildern die Liebe zwischen Mann und Frau besungen. Es ist ein Spiel des Suchens, Verlierens und des Wiederfindens.

Dieses biblische Buch ist schon in der jüdischen Liturgie hoch geschätzt und auf verschiedene Weise gedeutet worden. Es gilt manchen Auslegern als Verherrlichung der ehelichen Liebe und als Beschreibung der israelitischen Hochzeitsfeier. Andere Erklärer sehen in diesem Buch der Weisheitsliteratur die Liebe Gottes zu seinem erwählten Volk unter den Bildern der ehelichen Zuneigung und Liebe. Christliche Schriftsteller deuten das Hohelied als einen Lobgesang auf die Liebe Christi zu seiner Kirche und ihrer mystischen Verbindung.

Die Darstellung ist die Illustration eines Wortes aus dem Hohenlied. „Unter dem Apfelbaum habe ich dich geweckt" (Hld 8,5). Der Apfelbaum ist ein Symbol der Liebe. Der Bräutigam küsst innig seine Geliebte und weckt sie aus dem Schlaf zum Leben. Es mag damit die Stunde des Anfangs gemeint sein. Sie soll ein Leben lang Bestand haben und zu immer höherer Reife gelangen. „Leg mich wie ein Siegel auf dein Herz, wie ein Siegel an deinen Arm. Stark wie der Tod ist die Liebe!" heißt es im Hohenlied weiter (Hld 8,6). Das deutet auf die Kraft der Beständigkeit hin.

Die Liebe verwandelt den Menschen, schenkt ihm einen neuen Anfang, lässt sein Herz bei aufscheinender Scheu leuchten. In der Liebe ist das Wort, das zaghafte und zärtliche Wort, genauso bedeutsam wie das Schweigen. Der

Lärm der Welt sinkt und die steigende Einheit wird fühlbar. Sie verleiht Treue und Verlässlichkeit und führt schließlich zur menschlichen Vollendung. Diese Zuneigung in schweigender Zuwendung und in der behutsamen, stillen Umarmung wird in diesem Bild deutlich und spürbar.

Die poetische Atmosphäre inniger Verbundenheit wird noch gesteigert durch die liliengleichen Blüten am unteren Bildrand, aber auch durch den hell strahlenden Mond mitten in dunkler Sternnacht. Diese Elemente geben dem Bild der Hingabe und Innigkeit einen Zauber zarter Menschlichkeit und eine deutlich aufscheinende Glut der Empfindung, die den Betrachter unmittelbar anrührt, weil das Geheimnis der Liebe zur Mitte des menschlichen Selbst gehört. Liebe ist die tiefste Möglichkeit des Menschen, weil eben Gott, der Schöpfer, Liebe ist. Liebe macht den Menschen erst zum vollen und ganzen Menschen mit allem Licht und Glück, aber auch mit den Schatten des Verwelkens, des Vergehens und des Todes, die auch mit ihr verbunden sind.

Im lyrischen Text wird mit Einfühlung in das Hohelied eine Art moderner Übersetzung mit den Bildern und Worten unserer Zeit versucht. Die emotionale Hochstimmung und die „Hochzeiten" des Verliebtseins und der reifen Liebe klingen darin ebenso an wie auch die Träume, die Gefährnisse und der Ruf zur Beständigkeit und Treue in den sinkenden Zeiten des Vergehens und den Schatten des Todes. In allen Begegnungen liebender Menschen ist ein Stück Sehnsucht nach Ewigkeit geborgen.

Sieger Köder, Unter dem Apfelbaum habe ich dich geweckt

Aufgeblüht wie eine Orchidee

Kannst du – Liebe –
mein Gefühl erahnen?
Hör' mich an! Ich
singe dir mein Leben zu und
küsse zärtlich deine Lippen –
Silbertore deiner Schönheit
Gondelwege deiner Sehnsucht
Schöne! Du – die Taube
meiner Innenräume!

Höre – Freundin – alle Melodien
die das Herz in Glück erheben
Hör die Flüsterstimme meiner Liebe
voll von Poesie und Wonne
weil du bist und immer sein wirst
und im Glanz des Monds der zeitlos schweigt
unter diesem Apfelbaum mit roten Früchten
tief in meinen Armen ruhst –
aufgeblüht wie eine Orchidee

Zeit der Liebe – Zeit der Ruhe
Zeit des Fliegens und der Träume
Zeit der Worte und des Singens
Zeit des Flüsterns unter Sternen
Zeit der Flöten und der Geigen
Zeit in der die tiefen Brunnen
nächtelang von Märchen raunen
Zeit in der sich Sand der Erde
ganz allmählich füllt mit Tod

„Komm! Du mein Geliebter!
Der Gazelle bist du gleich“
Nimm mich fest in deine Arme!
Dein Gesicht – wie ist es schön!
Lass uns eine Sprache sprechen
die für alle Räume gilt
Lass uns Wind und Traum verbinden
und zu Fuß auf Erden gehn
Denn die Kammer unsrer Seele

sucht zutiefst nur Ewigkeit

Das Bild ist voller Dramatik, gefüllt mit überschäumender Bewegung. Auf dem See Gennesaret erhebt sich leicht ein solcher Wirbelsturm. Jesus ist mit seinen Jüngern vom Ufer abgefahren. Hat er den aufkommenden Sturm nicht wahrgenommen? Hatten seine berufserfahrenen Jünger in diesem Augenblick kein Gespür? Wollten sie vielleicht nur dem heftigen Andrängen der Menschen schnell entfliehen?

Das Bild legt jedenfalls die Not, Hektik und Angst dieser Stunde bloß. Die Jünger Jesu mühen sich in wildem Aktivismus ab. Sie rudern mit aller Kraft – die Ruder zerbrechen. Sie schöpfen das überschäumende Wasser voller Erregung aus dem Boot – aber die Flut ist mächtiger. Sie haben die Steuerung verloren – der Segelmast ist abgeknickt. Das Ende scheint nahe in dieser schäumenden Gischt – und Jesus schläft im Bug des Bootes.

Der Künstler hat ihn weiß gekleidet ins Bild gesetzt. Er wirkt so fast wie elitär abgehoben. – Und doch ist er da.

Gibt es für das menschliche Erleben etwas Gewaltigeres als eine solche elementare Bedrohung durch die kosmischen Urkräfte Wind und Wasser, die alle Sicherheit umstoßen und abgrundtiefe Angst bewirken?

Jesus, den die Jünger in höchster Angst wecken, fragt verwundert: „Warum habt ihr solche Angst? Habt ihr noch keinen Glauben“ (Mk 4,40)? Er ruft sie in die lebendig notwendige Grundhaltung ihres Lebens – zum Glauben. Ein Wink genügt. Es treten Stille und Frieden ein.

Ist das nicht die bleibende Situation der Menschen – bis heute? Wie oft schlagen die Wellen der menschlichen Erregung, ja der Verzweiflung in das Boot der existentiellen Geborgenheit, in den Zufluchtsort des Vertrauens! Und oft scheint alles zu zerbrechen: die Familie, die Ehe, der Beruf. Liebe Menschen sterben, eine unendliche Einsamkeit naht und nicht selten materielle und seelische Not. Ängste erheben ihren furchtbaren Drohfinger. Depressionen der

Seele breiten ihre Schatten aus. Die Horizonte der Zukunft werden dunkel und undurchsichtig. Die Wege des Lebens erhalten einen Zug des Sinnlosen, des nicht mehr Deutbaren.

Eine fürchterliche Leere des Herzens wird lebensbedrohlich, weil sich die Frage erhebt: Wie soll es weitergehen? – Gott schweigt und rückt anscheinend in die Ferne. Untergangsstimmung wird spürbar und oft landet der moderne Mensch unserer Gegenwart in den Sackgassen seiner Existenz, in den Fangarmen der Drogen, im Suizid.

Müsste nicht auch da Jesus aufstehen und fragen: „Habt ihr noch keinen Glauben?“ Die Irrtümer und Abwege des heutigen Menschen entstehen häufig aus dieser Mangelerscheinung, aus dem nicht gelebten Glauben. Gott scheint vielfach uninteressant, Geheimnis am Rande, das wenig beachtet wird, weil es zudem keine „Einkünfte“, keine messbaren Zuwächse bringt.

Der Mensch unserer Tage produziert Fortschritt und Wohlstand. Nicht selten genießt er ohne Maß und Ethik. Die Morgenröte seiner Träume heißt materieller Fortschritt ins Unbegrenzte. Er pflanzt sich dabei in eine zerbrechliche Welt ein und vergisst in seinem Egoismus, dass er ein vergängliches Geschöpf Gottes ist. Seine Unvergänglichkeit gehört nicht in diese Welt.

Eines Tages versagen seine eigenen „Steuer“. Sein hausgemachter Untergang naht – dazu ein Wunder: der liebende Gott – das „Samenkorn der Zukunft“.

Sieger Köder, Sturm auf dem See

Wehewind auf Abgrundbahnen

I

Unter heller Gischt und
blauen Wassersegeln
naht die Angst in
kalter Finsternis

Widersteht die Menschenkraft?
Habt ihr Mut in
diesem Bleigehäuse der Bedrängnis
und des Schreckens vor dem Ende?

Wie versteinert
und betäubt
sinken eure Augen nieder
in den Höhlen der Verzweiflung

Untergang umschlingt das
Boot in tiefen Furchen
berstend wilder Gier und
Wirbelwind

Wache – Herr – auf deinem Lager!
Sieh! Die Not steigt zu den Sternen
Mast und Ruder sind zerbrochen
Unsre Hoffnung fällt ins Schaumgehäuse Nichts

II

O ihr Menschen
aus dem Heißgeblüt der Angst und Sorge!

Hat das rote Abendtuch des Todes
euch schon letzte Grüße eingewinkt?

Klagt ihr unterm schwarzen Schirm der Stunde
Gottes unbedingte Nähe ein?

Jagt ihr in dem Wehewind der Abgrundbahnen
nach dem Hafen Sicherheit?

Seht ihr Menschen! Ich bin da –
Dieses bleibt mein ewig junger Name

Hört mein Wort aus Feuersglut –
schaut die Hand voll Morgenlicht!

Eingesenkt in Stein und Asche
auch in Wasserflut und Leere

ist das Samenkorn der Zukunft

Ich bin da – und das genügt!

Verklärung

Das Göttliche offenbart sich in dieser Welt größer als alle menschliche Vorstellung, übersteigt das Sagbare, lässt sich vielfach nur in Symbolen erahnen, die Gott schenkt.

Die Jünger Jesu, die alltäglich seine Nähe erlebten, ihn beobachteten und auf seine Worte hörten, ahnten nur mit Mühe, welche Fülle göttlichen Seins in diesem Rabbi von Nazaret pulsierte.

Da nahm Jesus drei Jünger mit sich auf den Berg Tabor in eine einmalig prägende, entscheidende Weltenstunde. Er wandelte sich in eine Lichtgestalt und ihm zur Seite standen die beiden großen Gestalten des Alten Bundes, Mose und Elija, die Vertreter von Gesetz und Prophetentum, die nach der Tradition des Volkes Israel wiederkommen sollten.

Die Lichtgestalt Jesu gehört zu den Zeichen Gottes, die immer wieder aufleuchten in der Geschichte des Volkes Gottes, so etwa die Engel bei der Geburt auf den Fluren vor Betlehem, der Stern der Weisen über dem Stall, aber auch diese Erfahrung verklärter Wirklichkeit auf dem Berge Tabor.

Jesu Gestalt wird ganz Licht. Er tritt sozusagen in die Herrlichkeit Gottes ein. Und die Jünger nehmen Anteil. Sie erleben im wahrsten Sinn des Wortes einen „lichten Moment". Der Schleier der irdischen Realität zerreißt und der Blick wird frei über diese sichtbar gelebte Welt hinaus. Diese Erfahrung wird unvergesslich und bringt später reiche Frucht.

Die Jünger hörten die Stimme des Vaters aus der Wolke, die ihren Schatten über sie warf: „Das ist mein geliebter Sohn. Auf ihn sollt ihr hören!" (Mk 9,7).

Der Vater bezeugt den Sohn durch sein Wort und die Bilder, die lichtvolle Erscheinung und die Wolke, die ein Sinnbild seiner göttlichen Gegenwart ist. Die Jünger sind geneigt, ihre faszinierende Erfahrung in dieser Welt zu fixieren. Sie wollen drei Hütten bauen. Aber im Blickpunkt Gottes liegt vornehmlich der Glaube an die nahende Zukunft, die österlichen Geheimnisse Jesu, den Tod und die Auferstehung. Gott schaut über die vergängliche Erde hinaus. Er führt in das bleibend Größere.

Das Bild hat eine deutliche Zweiteilung. Oben in Sonnenlichtfarbe Christus, der Herr, mit Mose und Elija. Darunter in der dunklen Zone die Jünger, ganz benommen, mit geschlossenen Augen, deren Lichtglanz andeutet, dass sie von einer überirdischen Imagination innerlich gepackt sind: Er ist es. Auf ihn haben wir gewartet. Er wird unser Volk führen in eine Zukunft des Heils. Jesus hat seine Jünger mit auf den Berg genommen, um ihnen eine innere Gewissheit und Stärkung zu verleihen, um ihnen in einer einzigartigen Weise zu demonstrieren, dass mit ihm, dem Sohn des ewigen Vaters, die Fülle der Zeit und die Vollendung der Welt angebrochen ist. Er stärkt ihren Glauben vor allem für die Zeit nach Ostern, da er selbst seine Jünger verlassen wird.

So wachen die Jünger aus ihrer Erschütterung auf, die Angst weicht, das Vertrauen in Jesus wächst. Die Grunderfahrung des Berges Tabor wandelt sich in die nachösterliche Erinnerung, in die unumstößliche, gültige Erfahrung und Gewissheit: Christus auf dem Berge leuchtet wie ein „Diamant“. Er wendet zu seiner Zeit die „Sanduhr der Vergänglichkeit“ in das „Samenkorn des Anfangs“, in dem gereift die „ganze Fülle wohnt“ (Kol 1,19).

Sieger Köder, Verklärung

Du leuchtest wie ein Diamant

Das wundersame Licht
das bergentrückt
die Jünger voll der Rätsel
in Schrecken und in Ehrfurcht sinken lässt
und das den Meister
ins verklärte Abseits hebt
ist ein Komet der Liebe
der Feuertore in die Zukunft öffnet

Wer kann schon ahnen die
Geheimnistiefen dessen
der seinen Ewigatem einhaucht in
sein auserwähltes Volk
das seinen eignen Hoheitsnamen zwischen Ja
und Nein verloren hatte
und treulos fest sich einverwebt
im fahlen Laken der Vergessenheit?

Die Blütenbahn der Liebe die
nicht stirbt ruft alte Saat
zu neuer Frucht: Prophet war Mose der
von Licht bestrahlt sein starres Volk
vom Götzentanz befreite ins Gelobte Land
Elija diente reinem Glauben – fest
geprägt von Starkmut und von Trauer –
in ihr war Tod schon eingeschrieben

Der ewig Treue ruft sein Wort
Es ist bestimmt von Morgenröte
Denn unvergessen ist die frühe Schöpferstunde
und stets gewendet wird
die Sanduhr der Vergänglichkeit
die unbemerkt ins Stille fließt
Wer aber kann auf Erden feste Hütten bauen –
wenn nicht das Ohr die Sternengrenzen übersteigt?

Fanfarenhell wird einst die Botschaft tönen:
Gekreuzigt ist er – auferstanden!
Sein Wort – es gilt
und überdauert Tod und Grab!
Das Samenkorn des Anfangs ist
zur Frucht gereift
„Du Erstgeburt – in der
die ganze Fülle wohnt"

Du leuchtest wie ein Diamant

Barmherziger Vater

Die Geschichte des Barmherzigen Vaters und die göttliche Denkart, die sich darin offenbart, gehört zu den großen, beeindruckenden Erzählungen der Weltliteratur. Dazu ist sie eine tröstliche Gottesbotschaft der Heilsgeschichte.

Sie bildet Leben ab, wie es sich in den Völkern der Welt und zu allen Zeiten immer wieder ereignet. Sie schildert einen Generationenkonflikt, der nicht zuletzt aus der Wirklichkeit entsteht, dass die eigentliche „Erfahrung" des Lebens eine persönliche Note trägt und nicht einfach übertragbar ist. Menschliche Pädagogik gerät an die Grenzen des Machbaren. Erfahrungen muss jeder Mensch in jeder Generation neu machen.

Darum gehört es in dieser biblischen Erzählung aus dem Lukasevangelium zur großen Weisheit des Vaters, dass er der Eigenverantwortung und dem Erlebniswillen des erwachsen gewordenen Sohnes Raum gibt, trotz eigener Ängste und Befürchtungen, die im Text nicht unmittelbar zur Sprache kommen, aber deutlich spürbar werden. Vertrauen in die Gesetzmäßigkeiten des Lebens ist die große Geste des Vaters. Das Herz des Vaters bleibt dem labilen Sohn gewogen, der mitsamt seinem reichen väterlichen Erbe in die Ferne zieht und leidvoll scheitert.

Ein schwerer Reifungsprozess lässt ihn umkehren und seine Nöte bekennen.

Da offenbart sich die Größe und Liebe seines Vaters. Er sieht den heruntergekommenen Sohn, auf den er wohl lange wartet, „schon von weitem" (Lk 15,20). Er eilt auf ihn zu, nimmt ihn in die Arme, küsst ihn, lässt ihn in ein Festgewand kleiden, steckt ihm einen Ring an die Hand und feiert mit allen ein Mahl. „Denn dieser Sohn war tot und lebt wieder. Er war verloren und ist wiedergefunden" (Lk 15,32). Und in seiner Güte tröstet er auch den missgünstigen und eifersüchtigen älteren Sohn und verkündet in Wort und Tat die gewaltige Botschaft Gottes: Die Liebe übersteigt alles. Sie ist auch größer als alles menschliche Gefühl für Recht und Ordnung. Der Gott der Christen ist ein Gott der ausgebreiteten Arme, die offen bleiben für den gescheiterten und umkehrenden Menschen.

Auch dieses Bild ist in zwei Zonen geteilt. In beiden Hälften wird das Menschliche, das Entscheidende der Geschichte erzählt: Die große Zuneigung des Vaters, der den „verlorenen Sohn" in seine Arme aufnimmt und ihn den Herzschlag seiner Güte und seines Verstehens spüren lässt, und andererseits die Missgunst, der Ärger und die verkrampfte Abkehr des älteren Sohnes, der nicht in die Festfreude aller eintreten will und, durch eine Wand getrennt, draußen bleibt, in Herzenskälte und Isolation. Messen, Richten und Verurteilen wird überragt von Verstehen, Güte und Liebe mit einem hohen Maß an Würde.

Die beiden Söhne sind zwar bekleidet mit einem Gewand gleicher Farbe. Aber wie unterschiedlich ist ihre Geschichte und ihr menschliches Wesen. Symbolsprache realen Lebens!

Sieger Köder, Der verlorene Sohn

In der Muschel Tod rauscht Leben

Auf meiner Grabschrift – o mein Sohn –
da sollten einst die Worte stehen:

Gewartet habe ich – gewartet!

Gewartet mit der Inbrunst der
verblühten Rose
die über ihre Lebenszeit den frischen Tau
verschenkt hat an die frühe Morgensonne
Gewartet habe ich!

Gewartet in die Ferne mit
dem langen Atem des gebeugten Herzens –
das heimatlos geworden ohne dich und stumm
aus Furcht vor Wunden die nicht heilbar sind
Gewartet habe ich!

Gewartet auf dein Heimweh nach dem Vater
der dich kennt – und auf die Reue die
in Freiheit umkehrt aus
der Bitternis der fremden Gatter

Gewartet habe ich! Gewartet – und nun endlich bist du da
Mein Herz erspähte dich schon meilenweit
Die Straße aus Zerfall zurück ist meist die längste
Und Berge Schmerz – sie machen hilflos und bereit

Lasst uns ein Fest in Freude feiern
und reiche Früchte ernten – die wir nicht gesät
Schlagt die Pauken – lasst die Flöten klingen
Bekleidet meinen Sohn mit einem Festgewand!

Denn in der Muschel Tod rauscht unentwegt das Leben
Aus der Geheimniskammer Raupe fliegt
zur Frühlingszeit der Schmetterling
Auch du – mein Ältester – auch du bist mein!
Warum lässt du dich fangen von
der Schlinge Eifersucht?
In deinen Augen schwinde weißer Grimm
Entkrampfe deine Hände aus dem schwarzen Ich
Befreie dich aus dem Verlies Vergessenheit

Gewartet habe ich – gewartet!

Das Menschenschicksal ist kein Würfellos
Und stete Hoffnung fällt auf grünen Grund
Getröstet bin ich – reif durch Warten!

Vom Himmel können Sterne fallen – nicht der Mensch!
Er ist ja dort zu Haus

Jakobsbrunnen

Das Bild am Jakobsbrunnen schließt eine große, tiefe Begegnung ab. Jesus sitzt am uralten Brunnen des Vaters Jakob. Müdigkeit plagt ihn. Da eilt eine Samariterin zur hellen Mittagszeit herbei, um Wasser zu schöpfen. Mit den Samaritern pflegt das Volk der Juden keinen Umgang.

Jesus bittet um Wasser. Die Frau ist verwundert. Er, der Mann, er, der Jude, bittet sie, die Frau, die Samariterin, um frisches Wasser. Es ergibt sich ein Gespräch über alle Grenzen der verschiedenen Traditionen hinweg. Missverständnisse werden ausgeräumt und die wesentliche, tiefe Schicht des Lebens entscheidend angerührt.

Jesus nimmt diese Frau mit ihrer eigenen Geschichte und in ihrer Offenheit ernst. Er gibt sich ihr als Messias zu erkennen, als den verheißenen Retter, auf den alle sehnsüchtig warten. Sie glaubt, weil Jesus ihr ein markantes Zeichen schenkt. Er gibt ihr zu verstehen, dass er ihren persönlichen Werdegang kennt, und er erinnert sie daran. Er urteilt nicht. Er nimmt sie an.

Jesus führt diese Frau zu ihrem eigenen Selbst. Er überspringt das Äußere und rührt ihre Seele an. Was aus ihm sprudelt, ist Geist und Leben (Joh 4,24). Was sie schaut, ist Bild und Wahrheit, das die Welt des nur Menschlichen übersteigt.

Der Maler hat diesen Prozess einfühlsam in ein Sinnbild umgesetzt. Die Samariterin steht am Rand des Brunnens. Im Mittagslicht schaut sie durch die Deckelöffnung von oben herab, abgrundtief in ihr eigenes Ich. Und was erkennt sie? Viel mehr als den Ablauf ihrer Lebensgeschichte, als den äußeren Vorgang. Sie erkennt ihr Antlitz, sich selbst, immerfort suchend, unterwegs zu einer Liebe, die tief geborgen, die göttlich ist, die nicht vergeht und nicht von „dieser Welt ist“ (Joh 18,36). Sie sucht den „bildlos großen Gott“.

Die Sehnsucht nach Gott und die Begegnung mit ihm selbst ist tiefer ausgeprägt als die Frage, wo Gott angebetet werden soll – auf dem Berge Garizim oder auf dem Sion. – Gott ist nicht zu bannen mit irdischen Techniken auf geographische Fixpunkte. Gott ist der überwältigend Freie, der im Geist kommt und persönlich das Leben schenkt.

Und da sieht die Samariterin neben ihrem Bild das Antlitz Jesu, des Messias, zu dem sie suchend unterwegs ist, sie, die reif wird zur Ernte, weil Jesus das Samenkorn des Glaubens in sie gelegt hat (vgl. Joh 4,36).

Beim Eintauchen in das „Wasser des Lebens", im Suchen, Schauen und Erkennen erhält die Zuwendung der beiden Gesichter eine neue, spirituelle Dimension; ihr Suchen wird Glaube, sein Wort wird Frucht – über alle scheinbaren Grenzen hinweg. Es wird tief im Herzen die Liebe geboren, die göttliche Liebe, die alles Irdische los- und weit hinter sich lässt.

Sieger Köder, Die Frau am Jakobsbrunnen

Brunnenstube Israels

Wasserkrug in Wüstenhitze!
Ihn hat Gott bekränzt mit
seiner Efeuliebe
auserwählt zum Dienst der Suche
auf dem Weg zur Wahrheit
und Begegnung

Brunnenstube Israels!
Hältst du nicht bei dir die
Weisheit Jakobs schon jahrtausendlang und
mit dem langen Atem eines
ständig neugebornen Traums die
eine Großverheißung wach: Ich komme?

Sangen nicht die Söhne Jakobs
ihrem bildlos großen Gott die Lieder
durch Jahrhundertzeiten voller Lob und Dank – in
Trauer und Erwartung
eines Echos
wie zur Urzeit?

Fragespuren nach dem Einen –
Friedensfürst und Ewigvater
der einst kommen soll als Retter
dürstend nur nach Geist und Leben –
füllt der Sohn mit Bild und Wort:
Höre zu! Ich bin es! Ich!

Und das Volk der Wüste
das im Gang durch Sand und Zeiten
fast in Brand geraten wäre – so als
habe schon die Hoffnung gültig Lebewohl gesagt –
dieses Volk gebiert am Rande einen Menschen ohne Maske
der mit Sehnsucht sagen kann: Ich glaube

Ist es denn ein Wunder –
Brunnen Jakobs?
Deine Wasser spiegeln Zweisamkeit
Gott und Mensch in Harmonie

Abgrundtief im
Bild der Wasserflächen
tanzt die Sonne mit dem Mond
Gottes Antwort auf das Fragen:

Du mein Mensch – Ich liebe dich!

Dieses Bild führt in das Zentrum christlicher Spiritualität. Die „Herrschaft Christi“ und aller, die in seinem Namen auftreten, ist geprägt und getragen vom Niederbeugen, vom demütigen Dienen, von einer Liebe bis in den Tod.

Christus, der Herr und Meister, wird glaubwürdig durch sein Beispiel und Vorbild. Das Bild seiner Nachfolge in der Kirche lebt er vor.

Er hat sein Obergewand abgelegt und ist tief gebeugt niedergekniet. Den uralten Dienst der Sklaven, das Waschen der Füße, hat er, das „Haupt aller Mächte und Gewalten“ (Kol 2,10), und der Herr der ganzen Schöpfung, übernommen. Der Sinn seiner Menschwerdung und seiner schändlichen Erniedrigung am Kreuz wird in dieser Geste vorweggenommen und offenbar. Alle menschliche Abwehr, alles Missverstehen, hier sichtbar in der Gestalt des Petrus, wird in die Richtung Gottes gelenkt. „Wenn ich dich nicht wasche, hast du keinen Teil an mir“ (Joh 13,8). Die Anteilnahme am Schicksal Christi wird dazu führen, dass seine Jünger so handeln wie er. Ist darum das Licht des Gesichtes Jesu auf die Füße des Petrus gefallen: Spiegelbild im Wasser – Vorbild im Handeln? Petrus und die Seinen sollen in die Fußstapfen Christi treten.

Die Zukunft bleibt wie immer im Leben der Welt und des Menschen dunkel und unbekannt. Sie bleibt ein Geheimnis. Wir können nicht ahnen und im einzelnen nicht wissen, wie sie aussehen wird. Vielleicht bleibt deshalb auch der Hintergrund dieses Bildes dunkel und schattenhaft. Aber wir glauben, dass auch die Zukunft von Gottes Hand gelenkt wird. Die Schöpfung und das Leben der Welt tragen die Signatur des Kreuzes. Ist das Dunkel des Nichtwissens und der Unanschaulichkeit nicht auch ein „Schleier der Barmherzigkeit Gottes“?

Versteht der moderne Mensch unserer Zeit diese Demutshaltung des menschgewordenen Gottessohnes?

Dienen ist für ihn heute weithin ein fremd gewordener Begriff. Er möchte im Gegenteil „groß herauskommen“ und seinen Namen in der Öffentlichkeit präsentiert sehen. „Selbstverwirklichung“ ist ein Zauberwort der Zeit. Stilles Dienen, Demut und selbstlose Hingabe an die Schwachen, die Armen und die Verlassenen, ist oft völlig in Vergessenheit geraten, nicht selten auch ein Zeichen der Schwäche. Macht und Geld, Einfluss und öffentliches Ansehen sind zunehmend das Ideal der materiell geprägten und nach dem Gesetz des Gewinns und des Vorteils lebenden Konsumgesellschaft.

Wie soll es weitergehen? Können die Notsignale aus vielen Teilen der Welt mit Parteiprogrammen, mit Parlamentsmehrheiten, durch technischen Fortschritt, der oft Traumideologien gleicht, oder gar mit revolutionären Praktiken der Gewalt gelöst werden?

Oder könnte die heilende Wende nicht doch im tiefsten nur durch ein neues Bewusstsein eintreten, durch den Blick in den Rückspiegel des Lebens, in dem Christus als der demütig Dienende aufleuchtet – also durch eine ethische Umkehr?

Sieger Köder, Fußwaschung

Ein Geigenstrich voll Herzmusik

Tief gebeugte Kraft – die Abschied
nehmen möchte von dem Augenblick der Nacht
in der die Marter rufen in den Frieden jenseits Zeit
und Trauer wund ihr Antlitz in
den Wasserspiegel senkt zum Bild
das Maß gibt und Erinnerung

Ein Geigenstrich voll Herzmusik
besingt die Demut die sich niederlässt
zu letztem Dienst
und Weisung an den Himmel Zukunft haucht:
Lass deine Füße unter Augen wandern
die zeitlos führen in das Abendlicht der Welt!

Warum verweigert – Petrus – deine Hand mein Tun?
Erkennst du nicht die Ewighand
die neue Quellen unter Schmerzen bohrt
und eigne Saaten einpflügt in
den Wüstensand auf dem schon Abraham
die Melodie des Glaubens sang?

Die Herrschaft hat der Vater eingeritzt
in einen Fels – der dunklen Tod
am Ende ohne Ende bricht
Denn Wahrheit wächst im viergeteilten Kreuz
das Leiden durchträgt bis zum Erntekranz des Lebens
und frisch betaute Früchte reifen lässt.

Bereite deinen Tisch mit Brot und Wein
und glaube: Ich bin nah
im Salz des Abschieds!

Ich bleibe nah und schau!
Die Fußspur deines Herrn führt in
die Goldne Stadt

Sie ist das Traumgesicht
das alle Tore öffnet und
die Nacht in Sonne wandelt

Sie ist das Zwiegespräch
das unversiegelt Antwort schenkt
der müden Fragespur

an deren Wegrand plötzlich
Orchideen blühen die
sich beugen wie zum Hochzeitskuss

Ein Bild voll namenlosem Leid. Christus hat seinen göttlichen Auftrag vollbracht (Joh 19,30), sein Leben vollendet. Abgenommen vom Schandpfahl des Kreuzes, sinkt er in den Schoß seiner Mutter. Sie hält seinen Leib, von Wunden und Blut überzogen, mit beiden Händen aufrecht. Aber sein Kopf fällt vornüber auf die Schulter Mariens. Ihre geschlossenen Augen drücken Zärtlichkeit und Erbarmen aus. Ein Prozess kommt zum Abschluss.

Ein großes Schweigen liegt über diesem Bild. Es ist merkwürdig, wie in dieser schweigenden, langsam wachsenden Todesstarre ein Wort frei wird, ein Wort der Hoffnung, das die Ahnung aufkommen lässt, ein neuer Teil des Lebens breche an. Tod, erst recht ein solch radikaler Tod, schließt eigentlich ab, setzt ein Ende. Aber dieses Bild wächst aus dem Glauben, bekommt gleichsam Wortcharakter. Die Bildelemente deuten es so. Nicht Verzweiflung und Trauer haben hier das alleinige Sagen, sondern auch der Glaube an den Sinn und zugleich tatkräftiges Zupacken und Helfen. Hier wird nicht krampfartig zurechtgebogen, was nicht mehr zu retten und zu heilen ist. Hier wird ehrlich Ja zum vollzogenen Ende gesagt. Ruhe ist eingekehrt und die Sicherheit, angekommen zu sein. Dieses Ankommen findet zunächst bei dem Menschen statt, der ihn ein Leben lang begleitet hat, behutsam und in der lebenslang fragenden Distanz mancher Kümmernisse: bei seiner Mutter.

Aber die Mutter ist auch hier nur vorläufige, irdische Station, ist Chiffre für die größere, endgültige Geborgenheit beim himmlischen Vater.

Gräber öffnen sich nach dem Glauben hoffender Menschen. Sie sind keine Endstation. Bevor Jesus seine irdische Ruhe im Grab findet, öffnet sich ein Grab, das sich nach der Tradition der alten Kirchenväter unter der Schädelstätte auf dem Berg Golgota befindet: die Grabstelle des

Stammvaters Adam. Er ist gestorben als Bild des schuldig gewordenen Menschen. Christus, der sich aus Liebe nach dem Willen seines Vaters sterbend am Kreuz hingab, wird auferstehen (1 Kor 15,21–22).

Das ist die kleine Spannung dieses Bildes. Die beiden Totenschädel, die aus der Felsspalte hervorlugen, werden zum Sinnbild der beiden Stammeltern Adam und Eva, ein deutlicher Hinweis auf die österliche Wirklichkeit der Auferstehung.

Alles Sterben dieser Welt sinkt letztlich nach dem Glauben der Christen in grünes Land, in den Boden der neuen Fruchtbarkeit und Reife. Die Wunden des Todes werden zum Samenkorn neu aufstehenden Lebens. Das kommt in diesem Bild zum Leuchten. Der tote Leib des Sohnes ruht im Schoß der Mutter Maria. Der Tod ist nicht zu leugnen. Er ist Realität.

Aber die „Neuheit des Lebens“ ist angesagt. Das grüne Gewand der Gottesmutter beschreibt den Aufbruch, hebt die Zukunft hervor, die nicht Untergang meint, sondern die Freude der Auferstehung verkündet. Im Schicksal Jesu Christi wird das Schicksal der glaubenden Christen ausgerufen, wenn sie diesen Würdetitel „Christen“ wirklich mit Leben füllen.

Sieger Köder, Pietà. Kreuzweg Bensberg

Im Kahlschlag aller Menschlichkeit

Der Gottesmutter zum Lob

Wer könnte in die Atemlücke noch
ein Wort das gilt – vielleicht ein
Amen wagen?

Wer könnte in der Stunde voller
Blut und Wunden an das einst betonte
Monogramm der Liebe und Verheißung glauben?

Wer könnte überhaupt noch Laute atmen in
solchem Kahlschlag aller Menschlichkeit?
Bleibt nicht einfach still das Da-sein –

die Umbergung deiner Mutterhände?
Und der Starkmut deines Schweigens
der das Geländer deiner Arme hält?

Tränen nur aus Salz sind ausgeweint
und bei aller Schwermut des Entsetzens
fast getrocknet

Mit-Leid ist der stumme Ton der
allerletzten Augenblicke –
weil hier jedes Wort vom Schauen abgelöst

Hammerschläge der Gewalt sind
ausgelitten – Bäche Blut und
Wasser fließen namenlos und nackt

Fließen dennoch – angegrinst von Tod in
grünes Land: in deinen Mutterschoß – Maria –
in den Schoß der Erde die trotz

aller Todessichel
eingepflügte neue Hoffnung
birgt

Auferstehung
brennt geheim und
unvermutet

auf dem Feuersand der Welt

Emmaus

Die beiden Emmausjünger sind angekommen an dem Abend, auf den sie suchend und fragend in der Gemeinschaft mit Jesus, dem unbekannten Fremden, zugegangen sind.

Sie sind unterrichtet. Jesus hat ihnen die Schrift gedeutet, hat ihr Verständnis dafür geweckt, dass der lang erwartete Messias der Gottesknecht sei, der nach dem Zeugnis der Schrift leiden müsse.

Der Künstler legt in seinem dichten, konzentrierten Bild zu den Schriften des Alten und Neuen Bundes auch noch ein Buch des griechischen Philosophen Platon vor, der schon Jahrhunderte zuvor geahnt hatte, dass der „Gerechte" leiden müsse und gekreuzigt werde.

Die beiden Emmausjünger sind Glaubende aus der Erfahrung einer großen Begegnung auf dem Weg. Das ist gleichsam ein Modell, das zu jedem Menschen gehört.

Glaube entfaltet sich allmählich auf dem Weg, dem Lebensweg, wenn der angerufene Mensch suchend und fragend seine Richtung, sein gültiges, persönliches Ziel anstrebt. Eine solche Begegnung, und erst recht eine Ankunft am Abend des Tages und des Lebens, kann der Mensch nicht machen. Das alles bleibt Geschenk. Aber die echte Sehnsucht des Herzens wird erfüllt werden, bisweilen unter Schatten und im Dunkel leidvoller Ereignisse. Und jeder Mensch ist gerufen und bestimmt, vielleicht nach der Hitze und Mühsal eines Tages, am „Abend" anzukommen in der Geborgenheit eines Hauses, in der Gemeinschaft der Geschwister.

Sie werden dann versammelt sein zum Mahl mit Brot und Wein, in der Feier des Todes und der Auferstehung, der großen Gabe der Eucharistie, und sie kommen zur Erkenntnis, dass Gott alle Wege des Lebens mit ihnen gegangen ist. Das Unfassbare wird fassbar. Nur Gott selbst ist und bleibt in solcher Stunde der Unfassbare. Er ist nicht einzubinden nach Menschenmaß. Er entgleitet dem Zugriff. Aber ein tröstlicher Lichtschein bleibt und damit die unumstößliche Gewissheit: Er lebt! Er lebt in der Gemeinde der Geschwister, im Haus seiner geisterfüllten Kirche.

Er lebt weiterhin in den Gaben von Brot und Wein auf dem gedeckten Tisch seiner Liebe, und er wird wiederkommen, wie er verkündet hat, am Ende der Zeiten. „Er läßt die Seinen nicht als Waisen zurück in dieser Welt“ (Joh 14,18).

Der gültige Bund mit den Seinen ist der Bund in seinem Blut, der immer wieder geheimnisvoll erneuert wird, erst recht „in dunklen Höhlen harter Zweifel“. Im Mahl des Brotes wird der Glaubende „angezündet nur vom Feuersturm der Liebe“.

So bleibt der Mensch, der Gott erfahren hat, offen für das Neue, für Begegnung, für das Leben aus dem Tod.

Sieger Köder, Emmaus. Rosenberger Altar

Sternenstunde unter Brot und Wein

Heimkehr ist das Kennwort eurer Flucht –
blind für einen Ausweg auf den Kieseln der Enttäuschung

Müde von Gewaltspiralen letzter Tage
fehlt euch alle Leichtigkeit
Fragen mehren sich in dunklen Höhlen harter Zweifel
Selbst die Sonnenuhr der Hoffnung sinkt in Schatten

Einer aber im Zenit weiß um die Stunde –
angezündet nur vom Feuersturm der Liebe
Er tritt immer zwischen Tod und Leben
öffnet scheinbar ahnungslos und fragend
Herzenstüren ohne Schloss und Angel

Tischgemeinschaft wird am Abend
Sternenstunde unter Brot und Wein
Ach – versteht! Er musste sterben –
Hört die Botschaft der Propheten!
Der Messias ist nicht König!
Er ist Knecht und Herr der Dornen

Er hält Mahl und spricht die Segensworte –
wandelt Brot und Wein durch Tod in Auferstehen
Abschied nimmt er plötzlich in der Abendsonne

Nacht und Schatten wandeln sich in Morgenrot
Neuer Flügelschlag des Glaubens
schwingt ins Weite – wird Musik der Zuversicht

Dumpfes Ahnen wird Gewissheit
Dunkle Angst erwacht zur Frühlingsblüte

wird zum Perlpunkt heller Freude
und trompetenstark erklingt die Botschaft: Hört! – Er lebt!

Goldene Stadt

Seit den Anfängen der christlichen Tradition ist die Goldene Stadt (Offenbarung des Johannes) eine Sehnsuchtshoffnung des glaubenden Menschen. Der Gott der Ewigkeit lässt sich im Bild der Stadt und der Braut aus der Welt des Ewigen auf den irdischen Kosmos herab und vollendet ihn. Der ungeschaffene Gott wird Inbild der Schöpfung. Himmel und Erde werden im Glanz Gottes neu.

In der Zwölfzahl der Stadttore verbinden sich Himmel und Erde, die Viergliederung des Irdischen mit der Dreizahl des Göttlichen. Die Stadt ist geprägt von einer kristallinen Gestalt, und atmosphärisch durchhaucht von wunderbaren Edelsteinen. Dazu kommt das quadratische Maß der Stadt. Alles hat eine Prägung von höchsten mathematischen Regeln und mystischen Beziehungen.

Dazu kommt das Bild der Braut von zarter Schönheit, die sich dem mit Rosen und in Liebe zuneigt, der Anfang und Ende der Schöpfung ist. Die Verbundenheit zwischen Gott und Mensch kommt in diesem Bild der Braut zu ausdrucksstarker, dazu gefühlsbetonter Geltung.

Die Andeutung im Werde- und Reifungsprozess des Anfangs, geschildert im Buch Genesis, wird nun am Ende der Zeiten und der Schöpfung volle Realität. – Die Wunder der Stadt, in der nur noch Liebe den Umgang und die Ordnung bestimmt, senken sich herab über das Chaos des irdischen Meeres. Die Vollendung ist noch nicht ganz erreicht. Aber Johannes, der Visionär auf der Insel Patmos, schaut und schreibt. Er lebt und hofft aus der Intensität seiner himmlischen Bilder. Er ist selbst im Frieden und wird so Ausdruck der bleibenden Sehnsucht, die zutiefst aus jedem Menschenherzen aufsteigt.

„Er ist Prophet im Abendrot der Welt.“ – „Gott ist ohne Rückzug da.“ – „Vergessen sind die Tränen und der Streit.“ – Gibt es eine optimistischere Chance am Ende der ganzen Schöpfung, eine Botschaft, die mehr Glück verheißt?

SK

Sieger Köder, Ich sah das neue Jerusalem wie eine Braut

Zur längst erhofften Stunde Omega

Auf deine Zunge ward das Wort gelegt
Du bist Prophet im Abendrot der Welt –
gerufen auf den Patmos-Gipfel und
im Elend des Vergehens an
die Grenzen Raum und Zeit – gebannt
vom kristallinen Hauch der Himmelsschau
Erlöste Liebe aller Menschen singt im Chor
ein Harfenlied zur längst erhofften Stunde Omega

Wie von Musik erfüllt im Traum –
so hauchzart leicht verzaubert wird
zur Zeit verwelkter Erde Herz und Sinn –
da zwölf-geteilt die Gottesstadt
mit starken Zinnen und mit Toren goldverziert
aus Fernen schwerelos herniedersinkt
Melancholie ist schon verweht im Sand Vergangenheit
Die Seele schaut ihr Sehnsuchtsbild

Die Stunde Abschied wird zur Neugeburt
Denn Gott schenkt seiner Braut
den Rosenkuss der Liebe – ohne Tod
Vergessen sind die Tränen und der Streit
Die große Stadt schwebt glutend rot und wird
im Prachtgewand ein Hort von stillem Glück
Ja – Gott geht liebend und
im Schweigen durch sein Paradies

Und nur wer dieses Schweigen hört
schaut makellos das Bild des Bräutigams im Glanz der Stadt –

erschaudert vor dem Lichtgefild: O seht!
Denn Gott ist ohne Rückweg da!

Drutmar Cremer, geb. 1930 in Koblenz. 1952 Eintritt in die Benediktinerabtei Maria Laach. 1958 Priesterweihe. Seit 1971 Leiter der Kunstwerkstätten und des Kunstverlages Maria Laach. Seit 1991 Prior der Abtei Maria Laach.

Sieger Köder, geb. 1925 in Wasseralfingen. 1943–1945 Arbeitsdienst, Wehrmacht, Gefangenschaft. 1946–1947 Staatliche Höhere Fachschule für Edelmetalle Schwäbisch Gemünd. 1947 Kunstakademie Stuttgart. 1951–1952 Studium der Anglistik. 1953–1965 Kunsterzieher am Schubart-Gymnasium in Aalen. 1965–1970 Studium der Katholischen Theologie in Tübingen und München. 1971 Priesterweihe. 1975–1995 Pfarrer in Hohenberg und Rosenberg.

Hinweis
In einigen Texten sind wörtliche Zitate der Bibel in Anführungszeichen gesetzt.
S. 37: 2. Strophe, Zeile 4: Ex 15,17
S. 50: 4. Strophe, Zeile 1 u. 2: Hld 2,1
S. 62: 5. Strophe, Zeile 7 u. 8: Kol 1,18–19

Dank
Dank allen, die dieses Buch gefördert haben:
Schwabenverlag, Ostfildern, wo die Bildmotive als Karten zu haben sind,
Firma Peyer & Co., Stuttgart-Leonberg,
Firma Bastian Druck, Föhren,
Herrn Edmund Meiser, Illingen-Wustweiler.

Die Deutsche Bibliothek – CIP-Einheitsaufnahme

Cremer, Drutmar:
Mit Feuerhand erwählt bei Nacht : Gedichte zu Bildern von Sieger Köder / Drutmar Cremer. – Mainz : Matthias-Grünewald-Verl., 1999
ISBN 3-7867-2195-5

Umschlag/Gestaltung: Kirsch & Buckel Grafik-Design GmbH, Wiesbaden
Titelbild: © Sieger Köder, Abraham
Alle Abbildungen in diesem Buch: © Sieger Köder
Druck und Bindung: Bastian-Druck, Föhren

ISBN 3-7867-2195-5